BEI GRIN MACHT SICH IHR WISSEN BEZAHLT

Bibliografische Information der Deutschen Nationalbibliothek:

Die Deutsche Bibliothek verzeichnet diese Publikation in der Deutschen National-bibliografie; detaillierte bibliografische Daten sind im Internet über http://dnb.d-nb.de/ abrufbar.

Impressum:

Copyright © 2012 GRIN Verlag, Open Publishing GmbH
Druck und Bindung: Books on Demand GmbH, Norderstedt Germany
ISBN: 978-3-656-37373-5

Dieses Buch bei GRIN:

http://www.grin.com/de/e-book/194013/schindlers-list-die-geschichte-der-deutschen-emailwarenfabrik

Patrice Lörkens

Schindlers List? Die Geschichte der "Deutschen Email-warenfabrik"

GRIN Verlag

GRIN - Your knowledge has value

Der GRIN Verlag publiziert seit 1998 wissenschaftliche Arbeiten von Studenten, Hochschullehrern und anderen Akademikern als eBook und gedrucktes Buch. Die Verlagswebsite www.grin.com ist die ideale Plattform zur Veröffentlichung von Hausarbeiten, Abschlussarbeiten, wissenschaftlichen Aufsätzen, Dissertationen und Fachbüchern.

Besuchen Sie uns im Internet:

http://www.grin.com/

http://www.facebook.com/grincom

http://www.twitter.com/grin_com

Schindlers List?

Die *Deutsche Emailwarenfabrik*

Deutsche Emailwarenfabrik

Inhaber Oskar Schindler

Krakau, Lipowa 4
Fernruf 106-24, 106-25 · Postfach 290

Emailgeschirre aller Art

von: Patrice André Lörkens

Kurs: Geschichte Leistungskurs

Schuljahr: 2011/2012

Inhaltsverzeichnis

1) Einleitung

"Herr Direktor", so wurde Oskar Schindler von den Menschen genannt, die er stets "meine Juden" nannte. Doch wie wurde aus dem NSDAP-Mitglied und Parteifreund Oskar Schindler der Judenretter Oskar Schindler? Schindler, der nach und nach sein gesamtes Vermögen in die Rettungsaktion steckte und Produktionsabläufe verfälschte, nur um seine Arbeiter vor dem deutschen Massengenozid zu bewahren. Er, dem es 1938 nur um Profit gegangen war, fragte sich 1945, warum er nicht noch mehr Menschen gerettet habe.

Um eine mögliche Antwort auf diese Frage zu finden, müssen mehrere Aspekte beachtet werden; die gegenwärtige Situation in Zentraleuropa, Schindlers Rolle im Machtapparat der Nationalsozialisten, der Erwerb der Krakauer Emaillefabrik und schließlich die Rettung der Juden. Dabei handelt es sich beim Erwerb der Emaillefabrik um den zentralen Aspekt dieser Arbeit.

Doch bevor diese Ereignisse und Taten mit Oskar Schindlers Beteiligung kritisch hinterfragt werden, müssen seine späteren Taten, also die Rettung von mindestens 1.000 Menschen gewürdigt werden. Egal wie kritisch Schindlers Handeln beurteilt wird, die Rettung dieser Menschen und somit der Erhalt hunderter Familien, ist unumstritten eines der selbstlosesten und selbstgefährdeten Ereignisse zur Zeit Nazideutschlands und auch darüber hinaus. Unter Einsatz seines Lebens bediente er sich seines Vermögens, seines politischen Einflusses und seiner Intelligenz um "seine Juden" zu retten.

Ich habe mich für dieses Thema entschieden, da ich mich sehr für die Zeit des Nationalsozialismus interessiere und ich so mehr über eines der, meiner Meinung nach bedeutsamsten Mitglieder des Widerstandes, erfahren kann. Außerdem handelt es sich bei Steven Spielbergs Film "Schindlers Liste" um einen der, aus meiner Sicht, besten und zugleich wichtigsten Filme, da deutlich wird, weshalb Oskar Schindler heute vor allem von der jüdischen Gemeinde verehrt wird.

Oskar Schindler wurde am 28.04.1908 in Zwittau (heute: Svitavy, Tschechien) im Sudetenland geboren. Sein Vater war der Landmaschinenfabrikant Hans Schindler, seine Mutter die Hausfrau Franziska (geborene Luser). Er wurde katholisch erzogen, hatte jedoch seit seiner frühesten Kindheit regelmäßigen Kontakt zu jüdischen Nachbarskindern.[1] Am 06. März 1928 heiratete er Emilie Pelzl, Tochter eines wohlhabenden Landwirts aus einem Nachbarsdorf.

Nachdem die väterliche Landmaschinenfabrik, in der Oskar Schindler bislang arbeitete in Folge der Weltwirtschaftskrise von 1929 schließen musste, wurde er Leiter der Verkaufsabteilung der *Mährischen Elektrotechnischen AG* in Brünn (heute: Brno, Tschechien). Diese Position hatte er fünf Jahre lang inne. Danach verdiente er sein Geld vier Jahre lang als Informant des Amts Ausland/Abwehr unter dem Kommando des Wehrmachtsoffiziers Wilhelm Canaris in Mährisch-Ostrau (heute: Ostrava, Tschechien). Sein Tätigkeitsbereich umfasste die Beschaffung von Informationen über die polnische Armee und polnische und tschechische Spione.

Am 10. Februar 1939 folge schließlich der Eintritt in die Nationalsozialistische Deutsche Arbeiterpartei, kurz: NSDAP, als Mitglied Nr. 6.421.477.[2] Im März desselben Jahres wurde Schindler aufgrund seiner Spionagetätigkeit von der tschechischen Polizei verhaftet und wegen Hochverrats zum Tode verurteilt. Dies wurde jedoch durch die sogenannte "Zerschlagung der Rest-Tschechei", die Annexion des tschechoslowakischen Sudetengebietes durch das Deutsche Reich, welche durch das Münchener Abkommen vom 30. September 1938 festgelegt wurde, verhindert. Einen Monat nach dem Überfall der Deutschen Wehrmacht auf Polen am 01. September 1939 ging Schindler schließlich nach Krakau und erwarb die *Rekord GmbH*, eine Fabrik für Emailgefäße und Blechwaren. Diese benannte er kurze Zeit später in *Deutsche Emailwarenfabrik* um. In ihr wurden von nun an Kochutensilien und Geschirr für die Wehrmacht produziert.

Die Tatsache, dass die Juden in Schindlers Fabrik besser behandelt wurden, als anderswo blieb nicht lange geheim. Schindler wurde durch das jüdische

---

[1] Vgl. Spiegel TV, Schindlers Liste - Eine wahre Geschichte 2008

[2] Vgl. http://www.gruntova.cz/userFiles/oskar/Clenska-karta-nsdap.jpg, siehe Anhang S. 16

Joint Distribution Committee mit Sitz in Budapest kontaktiert und traf sich daraufhin mit einem Kurier. Schindler übergab der jüdischen Widerstandsbewegung in Krakau einen höheren Geldbetrag und Briefe.

Im März 1943, nach der Auflösung des Krakauer Ghettos und dem Bau des Konzentrationslagers Płaszów pendelten die etwa 1.200 Arbeitskräfte zwischen Lager und Betrieb. Zum Schutz seiner überwiegend jüdischen Arbeiter erwirkte Schindler, mit dem Argument der Vereinfachung der Arbeitsorganisation und durch die Bestechung von Militär-, Wirtschafts- und Parteivertretern, die Genehmigung zur Errichtung eines eigenen Lagers auf seinem Fabrikgelände.

Darin brachte er auch Juden unter, die in anliegenden Betrieben arbeiteten. Für sämtliche Kosten bezüglich Bau, Einrichtung und Unterhaltung des Lagers sowie der Verpflegung der Häftlinge kam Schindler selbst auf.

In seiner Zeit als Fabrikleiter wurde Schindler zwei Mal von der Geheimen Staatspolizei, der Gestapo, verhaftet: Das erste Mal im Jahre 1942, als er aufgrund seines „undeutschen" Umganges mit den Juden denunziert und anschließend verhaftet wurde. 1944 wurde er wegen fortwährender Bestechung eines SS-Führers erneut verhaftet. Durch seine zahlreichen einflussreichen Bekanntschaften, unter anderem aus seiner Spionagezeit, konnte eine schnelle Freilassung erwirkt werden.[3]

Am 08. Mai 1945 erfuhr Schindler durch das Radio in seinem Büro von der bedingungslosen Kapitulation der deutschen Streitkräfte durch das Staatsoberhaupt des Deutschen Reiches und den Oberbefehlshaber der Wehrmacht Karl Dönitz. Als Nazi, als der Schindler aufgrund seiner Parteizugehörigkeit galt, musste er schließlich vor der vorrückenden Roten Armee fliehen.

Im Jahre 1949 wanderte er mit Emilie nach Argentinien aus, reiste jedoch in den Folgejahren mehrmals nach Deutschland, wo er im Jahre 1965 das Bundesverdienstkreuz erster Klasse erhielt. Drei Jahre später erhielt er den Silvester-Orden von Papst Paul VI., welcher Schindler für seine besonderen

---

[3] Vgl. Deutsches Historisches Museum,
http://www.dhm.de/lemo/html/biografien/SchindlerOskar/index.html

Verdienste um die katholische Kirche ehrte. Im selben Jahr wurde er mit dem Martin-Buber-Friedenspreis ausgezeichnet.

Seit 1961 reiste Schindler insgesamt sieben Mal nach Israel, wo er am 18. Juli 1968 von der Holocaust-Gedenkstätte Yad Vashem in Jerusalem als *"Gerechter unter den Völkern"* geehrt wurde und einen Baum in der *"Alle der Gerechten"* erhielt. Diese Gedenkstätte erinnert an jene Menschen, die während des NS-Regimes Juden gerettet und unterstützt haben.

Nach einem Schlaganfall im Jahre 1972 mit halbseitiger Lähmung als Folge, verstarb Oskar Schindler am 09. Oktober 1974, zwei Wochen nachdem ihm ein Herzschrittmacher eingesetzt wurde, im Alter von 66 Jahren. „Sein von Diabetes, von Nieren-, Herz- und anderen Leiden geschwächter Körper hatte aufgegeben."[4]

2) Hauptteil

2.1) Der Ursprung der *Rekord GmbH*

Die später als *Emalia* bekannte Email- und Rüstungsfabrik, wurde im Jahre 1935 im Krakauer Stadtteil Zablocie in der Lipowa-Straße 4 errichtet. Zu Beginn trug sie den Namen *"Pierwsza Małopolska Fabryka Naczyń Emaliowanych i Wyrobów Blaszanych "Rekord," Spólka, z organiczoną odpowiedzialnością w Krakowie"*[5], was so viel bedeutet wie *Erste kleinpolnische Fabrik für Emailgefäße und Blechwaren, Rekord in Krakau.* Klein-Polen ist ein polnischer Verwaltungsbezirk, dessen Hauptstadt Krakau ist.

Zwei Jahre später übernahmen die jüdischen Kaufleute Micha Gutman, Wolf Luzer Glajtman und Izrael Kohn die Fabrik. Am 17. März 1937 ließen sie die Fabrik schließlich unter dem Namen *Rekord* eintragen. Das dafür benötigte

---

[4] Zitat nach Mietek Pemper, http://www.mietek-pemper.de/wiki/Kapitel_13:_Schindlers_letzte_Jahre#Oskar_Schindlers_Tod:_Trauer_und_Anerkennung

[5] Zitat nach David M. Crowe, Oskar Schindler - Die Biographie, Frankfurt am Main 2005, S. 130

Gründungskapital betrug 100.000 Złoty[6], die notwendigen Anteilscheine kosteten jeweils 500 Złoty, Glajtman erwarb 100 Anteile, für einen Preis von 50.000 Złoty. Gutman und Kohn kauften jeweils 50 Anteile, für je 25.000 Złoty.[7]

In der Folgezeit wurde die Zahl der Miteigentümer immer größer. So kaufte Herman Hirsch im Herbst desselben Jahres 24 Anteilsscheine, für einen Gesamtwert von 12.000 Złoty, dadurch verringerten sich die Anteile der bisherigen Eigentümer auf 48.000 Złoty für Glajtman, beziehungsweise je 20.000 Złoty für Gutman und Kohn. Es folgten die vier Brüder Wolf Luzer Glajtmans, Uszer, Szyi, Leibisch und Zalka, sowie seine beiden Schwäger Abraham Bankier und Abram Szydłowski. Diese sechs weiteren neuen Eigner erhielten zusammen 66 Anteilsscheine, wobei vereinbart wurde, dass Wolf Luzer Glajtman 30 Scheine behalten sollte.

Der Aufsichtsrat des Unternehmens bestand aus den Eigentümern, wobei ab 1938 lediglich Abraham Bankier, der Geschäftsführer, entlassen werden konnte. Bankier und Wolf Luzer Glajtman hatten Prokura, sie waren bevollmächtigt Schecks zu unterzeichnen und Geschäfte für das Unternehmen abzuschließen. Ab 2.000 Złoty mussten die Schecks jedoch ebenfalls von Wolf Luzer Glajtman unterzeichnet werden.

Als dann ein Jahr später Hersz Szpigelman weitere 3.000 Złoty in die *Rekord* investierte, verringerte sich Micha Gutmans Anteil auf 17.000 Złoty, da das Gesellschaftskapital noch immer 100.000 Złoty betrug.[8]

Durch ein im Jahre 1936 durchgesetztes Wirtschaftsprogramm der polnischen Regierung kam es zu einer raschen Steigerung der Industrieproduktion. Die Zeit war günstig, um neue Unternehmen zu gründen. Nicht jedoch für die jüdische Bevölkerung Polens, da es zum neuen Programm der Regierung gehörte, den Einfluss der Juden auf die polnische Wirtschaft zu reduzieren. Dieser

---

[6] Ab 1939 galt im Generalgouvernement Polen der folgende Wechselkurs: 2 polnische Złoty = 1 Reichsmark, was heute (unter Berücksichtigung der Inflation) etwa 4,28€ entspricht

[7] Vgl. Crowe 2005, S. 131

[8] Ebda.

wirtschaftliche Antisemitismus war nichts neues, da die polnischen Juden bereits seit längerer Zeit darunter zu leiden hatten. Neu war jedoch, dass die Regierung diesen Antisemitismus aktiv unterstützte, wie Ezra Mendelsohn[9] bemerkte. Boykotts und weitere antisemitische Aktionen beschleunigten die Verarmung der jüdischen Bevölkerung.

Ob der wirtschaftliche Antisemitismus Auswirkungen auf die *Rekord* hatte, ist nicht zu klären. „Fest steht jedoch, daß die Firma im Sommer 1939 Konkurs anmelden mußte. Über die Gründe der Zahlungsunfähigkeit geben die polnischen Gerichtsakten weniger Auskunft; es heißt nur, die Gesellschaft sei in schlechter finanzieller Verfassung gewesen. Dabei belieferte die Fabrik die polnische Armee und operierte unter den Bedingungen der Mobilmachung. Die Eigner suchten, um die Gläubiger befriedigen und Fabrik halten zu können, einen ungewöhnlichen Weg, um zu flüssigen Mitteln zu kommen. Diesem Punkt entsprangen die Auseinandersetzungen mit Natan Wurzel. Der Streit zwischen den ursprünglichen Eignern der Rekord und Natan Wurzel hatte zunächst nichts mit Oskar Schindler zu tun, der erst im Herbst 1939, nachdem er die Fabrik gepachtet, hatte mit hineingezogen wurde. Das Unternehmen war außer Stande, offenstehende Rechnungen zu zahlen, doch verfügte es mit seinem Maschinen, Gebäuden und anderem Eigentum über enorme Werte. Ein detaillierter Bericht über die finanzielle Lage, abgeschlossen am 17. März 1939, als Vorbereitung für einen Verkauf des Unternehmens vor der drohenden Bankrotterklärung, wies fixe und flüssige Werte in der Höhe von 681.559 Złoty aus. Dem stand etwa die gleiche Summe gegenüber, die das Unternehmen seinen Gläubigern schuldete; nur wegen des Gesellschaftskapitals von 100.000 Złoty war es noch nicht zusammengebrochen. Des Weiteren schlugen Maschinen und Prägeformen mit 223.390 Złoty zu Buche. Der Streit zwischen Natan Wurzel auf der einen Seite und Micha Gutman und Wolf Luzer Glajtman auf der anderen Seite entbrannte über die Frage, wem diese Werte gehörten."[10]

Dies geht aus den Briefen hervor, die beide Parteien an das polnische Gericht schickten. Die Standpunkte sind jedoch unterschiedlich, sodass die Wahrheit nicht eindeutig ist. Um an Geld zu kommen wurden die Maschinen des Unternehmens bei einer Versteigerung an Natan Wurzel verkauft. Laut Gutman und Glajtman sollte Wurzel die Maschinen nur als Sicherheit für den Kredit einsetzen, den sein Schwager der *Rekord* gewährt hatte.

Wurzel jedoch wollte die Maschinen tatsächlichen Besitz nehmen und weiterverkaufen. Er hatte die Maschinen und Formen für 46.000 Złoty, weit unter ihrem tatsächlichen Wert gekauft. Als Gutman und Glajtman einen Käufer für die Fabrik gefunden hatten, der 60.000 Złoty für die Maschinen und Formen zahlen wollte, entbrannte der zuvor beigelegte Streit erneut.

---

[9] Professor für Geschichte an der Universität zu Boston und ehem. Professor an der Hebräischen Universität in Jerusalem. Autor mehrerer geschichtlicher Abhandlungen

[10] Zitat nach Crowe 2005, S. 132

2.2) Die gegenwärtige Lage: Arisierung im Deutschen Reich

Nach Hitlers Machtübernahme am 30. Januar 1933 wurde die Rassenpolitik der Nationalsozialisten stetig verdeutlicht und ausgeweitet. Eines der bekanntesten vorkriegerischen Ereignisse fand in der Nacht vom 09. auf den 10. November 1938 statt: Die Reichspogromnacht. Dabei handelte es sich um vom nationalsozialistischen Regime organisierte und gelenkte Gewaltmaßnahmen gegen Juden im gesamten Deutschen Reich. Jüdische Wohnhäuser, jüdische Geschäfte und auch die Synagogen wurden in Brand gesetzt und die Betroffenen konnten dem nichts entgegensetzen.

Zwei Tage nach diesen Pogromen folgte die *Verordnung zur Ausschaltung der Juden aus dem deutschen Wirtschaftsleben*. Dadurch wurde den Juden das Betreiben von Einzelhandelsverkaufsstellen sowie die selbständige Führung eines Handwerksbetriebs mit Wirkung zum Jahresende 1938 untersagt. Des Weiteren durften Juden nicht mehr als Betriebsleiter tätig sein und konnten von nun an als leitende Angestellte ohne Abfindung entlassen werden.

Am 03. Dezember 1938 wurde den Juden durch die *Verordnung über den Einsatz des jüdischen Vermögens* auferlegt, ihre Gewerbebetriebe zu verkaufen, ihren Grundbesitz zu veräußern und ihre Wertpapiere bei einer Devisenbank zu hinterlegen. Außerdem durften sie weder Juwelen noch Edelmetalle und Kunstgegenstände frei verkaufen; kurz darauf wurde ihnen unter Strafandrohung auferlegt, diese bis zum 31. März 1939 bei staatlichen Ankaufstellen abzugeben.

Diese Gesetze galten später auch im Generalgouvernement Polen. Die jüdischen Betriebe wurden somit aufgelöst, oder an nichtjüdische Käufer übereignet. Diese Übereignungen fanden zu deutlich begünstigten Konditionen statt, da die bisherigen jüdischen Besitzer es sich nicht mehr erlauben konnten zu feilschen. Den tatsächlichen Wert der Betriebe konnten sie erst recht nicht einfordern.

2.3) Schindler in Krakau

Das Generalgouvernement Polen, also der Teil Polens der weder in das Großdeutsche Reich eingegliedert wurde, noch von der Sowjetunion besetzt war, hatte für die Deutschen viele Vorteile; es handelte sich sowohl um Adolf Hitlers „Labor" zur Erprobung der Rassenpolitik als auch um eine Brutstätte der Ausbeutung und Plünderung durch die Deutschen. Dabei wurden sie besonders von der Gier nach schnellem Reichtum angetrieben. Hier spielten die Rassenideologie und deren Prinzipien eine zentrale Rolle: Standen die wirtschaftlichen Interessen auch oft im Widerspruch zu dieser Ideologie und deren Prinzipien, so wurden diese jedoch häufig bemüht, um die Ausbeutung der gestohlenen polnischen und jüdischen Ressourcen zu ermöglichen.

In seiner Krakauer Zeit wurde Oskar Schindler zu einem außerordentlich erfolgreichen Geschäftsmann. Seinen Erfolg hatte er unter anderem Abraham Bankier, dem vorherigen Mitbesitzer der *Rekord*, zu verdanken. Dieser finanzierte durch Schwarzmarktgeschäfte Schindlers Fabrik, seine Arbeiter und dessen luxuriöses Leben. Bankiers Geschick und Risikobereitschaft verdankte Schindler die hohen Gewinne der *Emalia* aus der Schattenwirtschaft, die dieser investierte, um noch mehr Juden einzustellen und so deren Leben zu retten.

Bevor Schindler jedoch nach Krakau kam lebte er im tschechischen Mährisch-Ostrau und verdiente sein Geld damit, für Hitler-Deutschland tschechische Grenzanlagen auszuspionieren. Zu dieser Tätigkeit war er jedoch nicht aus politischer Überzeugung gekommen, sondern durch eine seiner unzähligen Frauenbekanntschaften. Als es schließlich nach dem deutschen Einmarsch in Polen im September 1939 lukrativer war sich an den Raubzügen der Nazis zu beteiligen statt für sie zu spionieren, ging er nach Krakau.

2.4) Die Übernahme der *Rekord GmbH* durch Oskar Schindler

Am 14. November 1939 unterzeichnete Schindler ebenda den Pachtvertrag für die *Rekord GmbH*. Daraufhin erhielt er die Schlüssel zum Lager und der Fabrik. Die formelle Unterzeichnung des Pachtvertrages fand erst am 15. Januar 1940, also etwa zwei Monate später, statt. Überprüft wurde die Rechtmäßigkeit der

Vereinbarung vom Rechtsvertreter des polnischen Handelsgerichts Dr. Roland Goryczko. Die Kosten für die Ausrüstung der Rekord betrugen 28.000 Złoty, der monatliche Pachtzins betrug 2.400 Złoty. Durch diese schnelle Vereinbarung sollte verhindert werden, dass die *Rekord* von der Haupttreuhandstelle-Ost, der HTO, als ehemaliger jüdischer Besitz eingezogen wird.[11]

Der abgeschlossene Pachtvertrag sah vor, dass Oskar Schindler verpflichtet sei, *„die Fabrik auf wirtschaftliche Weise und in Einklang mit den sozialen und technischen Erfordernissen zu führen. Er soll mit allen verfügbaren Mitteln Emaillegefäße produzieren und so viele Arbeiter wie möglich einstellen."*[12]

Diese sollten in Zukunft gerecht und angemessen entlohnt werden. Durch das zuständige Gericht war festgelegt worden, dass in der Fabrik lediglich die bisherigen Produkte hergestellt werden durften, Änderungen mussten durch das Gericht abgesegnet werden.

Eine solche Erweiterung der Produktion fand Ende August 1942 statt, als die Fabrikanlage durch eine neue Munitionsfabrik erweitert wurde.

2.5) Die *Deutsche Emailwarenfabrik Oskar Schindler*

Schindler war es genehmigt, den Namen der Fabrik entweder weiterzuführen, oder aber sie umzubenennen. Also ließ er den Namen in *Deutsche Emailwarenfabrik Oskar Schindler* (kurz: DEF) umändern. Doch schon bald wurde sie sowohl von Schindler selbst, als auch von seinen Arbeitern nur noch als *Emalia* bezeichnet.

Die *Emalia* befand sich in der Krakauer Vorstadt Podgórze. Diese lag zentral zwischen zwei jüdischen Friedhöfen und Kazimierz, einem historischen Judenviertel auf der anderen Seite der Weichsel. Zu diesem Zeitpunkt konnte noch keiner der Beteiligten wissen, dass sich die Fabrik genau an der Stelle befand, an der ab dem Frühjahr 1941 die Grenze des Krakauer Ghettos entlang verlaufen sollte. Auf dem Gelände der beiden jüdischen Friedhöfe südlich der

---

[11] Ebda., S. 135

[12] Zitat nach Crowe 2005, S. 135

Fabrik sollte später das Konzentrationslager Płaszów errichtet werden, in dem dann bis auf Weiteres sämtliche jüdischen Arbeiter Schindlers lebten.

Im Jahre 1942 erhielt Schindler bei einer Auktion schließlich den Zuschlag zum endgültigen Kauf der DEF.

3)   Schlussteil

3.1)   Oskar Schindler - Kriegsgewinnler oder Held?

„Der neue „Herr Direktor" stellte vor allem Juden ein, nicht aus Mitgefühl, sondern weil sie billig waren. Und doch rettete er 1098 Menschen [Angaben variieren zwischen etwa 1.000 bis 1.200 Menschen; Liste führt 1.078 Menschen auf] das Leben."[13]

"Herr Direktor", so wurde Oskar Schindler von den Menschen genannt, die er stets "meine Juden" nannte. Doch wie wurde aus dem NSDAP-Mitglied und Parteifreund Oskar Schindler der Judenretter Oskar Schindler?

Schindler, der nach und nach sein gesamtes Vermögen in die Rettungsaktion steckte und Produktionsabläufe verfälschte und das ausschließlich um seine Arbeiter aus dem deutschen Massengenozid rauszuhalten. Er, dem es 1938 nur um Profit gegangen war, fragte sich 1945, warum er nicht noch mehr Menschen gerettet habe.

Im Film "Schindlers Liste" aus dem Jahre 1993 reitet Schindler auf einen Hügel in der Nähe der Emaillefabrik, von wo aus er beobachtet, wie die Nazis das Krakauer Ghetto räumen. Danach ist der Film-Schindler ein anderer.

In der Realität jedoch gab es nicht die eine Eingebung, die ihn veränderte. Seine Einstellung änderte sich allmählich. So widerte ihn immer mehr die zunehmende Brutalität der Nazis an, wie er sie etwa bei der brutalen Räumung des Kinderheims im Ghetto im Jahre 1943 erlebt hatte.

Auch schürten Freunde aus der Wehrmacht seinen Hass auf die SS. Für Schindler waren sie „verlogene Heuchler und sadistische Mörder, die meine Heimat, das Sudetenland ausplünderten". Hinzu kam, dass er sich seinen

---

[13] Zitat nach "Der Tagesspiegel", http://www.tagesspiegel.de/kultur/oskar-schindler-der-listenreiche/1221836.html, 2008

jüdischen Schulfreunden verpflichtet fühlte, mit denen er „eine herrliche Jugend verlebt" hatte. So feierte Schindler mit dem berüchtigten Lagerkommandanten des Konzentrationslagers Płaszów, Amon Göth, des Nachts ausschweifende Orgien und gewann ihm am nächsten Morgen bessere Bedingungen für "seine Juden" ab.[14]

"Seine Juden" - mindestens 1.000 Menschen, die Schindler vor dem sicheren Tod bewahrte. Die Zahl der von ihm beschäftigten Zwangsarbeiter stieg stetig an. Zu Beginn seiner Arbeit wurden kaum Juden eingesetzt, mit über 300 Arbeitern stellten die nichtjüdischen Polen die Mehrheit dar. Doch desto länger die Firma Waren produzierte, umso mehr wurden die Polen durch Juden ersetzt. Diese waren deutlich günstiger. Genaue Angaben findet man heute jedoch nur unter erschwerten Bedingungen, da es aufgrund von Kostenschwankungen schwer nachvollziehbar ist, zu sagen, wie teuer ein Arbeiter zu einem bestimmten Zeitpunkt war. Drei Monate nachdem er die Fabrik übernommen hatte, beschäftigte er 250 polnische Arbeiter, darunter sieben Juden. Die Zahl der jüdischen Arbeiter stieg von 150 im Jahre 1940 in den Folgejahren stark an. Ein Jahr später beschäftigte Schindler 190 Juden, ein weiteres Jahr später 550, dann 900, 1944 waren es 1.000 und schließlich im Jahre 1945 hatte die Firma eine ca. 1.100 Mann starke Arbeiterschaft.[15]

Fakt ist, dass Oskar Schindler nicht mit dem Gedanken Juden zu retten nach Polen kam. Wann jedoch die *Emalia* ein zweckmäßig eingesetztes Instrument zur Judenrettung wurde, kann nicht eindeutig festgestellt werden. Der Übergang vom Profiteur zum Retter ist sehr undurchsichtig. Es können lediglich Ereignisse, wie die erwähnte Räumung des Krakauer Kinderheims im Jahre 1943 oder die Verbrennung von über 10.000 Leichen des Lagers Płaszów in Chujowa Górka im April 1944[16] genannt werden, von denen Schindler

---

[14] Ebda.

[15] Vgl. Bericht Schindlers an das *Joint Distribution Committee*, aus Erika Rosenberg, Ich, Oskar Schindler - Die persönlichen Briefe, Aufzeichnungen und Dokumente 2000, S. 84, siehe Anhang S. 17

[16] Vgl. http://www.judentum-projekt.de/geschichte/nsverfolgung/rettung/schindler.html, 2011

nachweisbar wusste, beziehungsweise bei denen er selbst anwesend war. Diese Vielzahl an erlebten grauenvollen Ereignissen kann bzw. muss seine Ansicht verändert und ihn somit in seinem Vorhaben ermutigt haben.

Daraus folgt, dass der Kauf der Fabrik lediglich profitorientiert durchgeführt wurde. Später jedoch wurde sie zum lebenserhaltenden und lebensrettenden Mittel für hunderte Menschen.

Meiner Meinung nach ist die heutige Verehrung Oskar Schindlers definitiv gerechtfertigt und verdient. Er riskierte sein Leben, um die hunderter, ihm nicht vertrauter Menschen zu retten.

Diese ihm zu Beginn vollkommen unbekannten Menschen mussten bzw. aus heutiger Sicht *durften* für Schindler arbeiten. Zu Beginn wusste niemand der Beteiligten, wie sich die Gesamtsituation in der Fabrik entwickeln würde. Doch die Menschen haben schnell bemerkt, dass die *Emalia* anders war, als alle anderen deutschen Einrichtungen die sie kannten. Auch Oskar Schindler war anders als die anderen einmarschierten Deutschen. Er sorgte sich um die Juden und die *Emalia* war ihre sichere Zuflucht. Schindler verfälschte Produktionsnachweise, intrigierte gegen die SS-Offiziere und bestach sie, betrieb mit Hilfe von Abraham Bankier Schwarzmarkthandel und nutzte sein gesamtes Vermögen, sowohl Geld, als auch Wertgegenstände wie Diamanten, um seine Arbeiter zu halten und immer mehr zu beschäftigen.

Wenn sich die Lage besorgniserregend veränderte, wenn die Gestapo einen oder mehrere von Schindlers Arbeitern verhaften oder liquidieren wollte, nutzte dieser seine gesellschaftliche Macht und wichtige politische und militärische Bekanntschaften, um sie zu schützen, indem er sie als „kriegswichtige Arbeiter" deklarierte und sie mit dem sogenannten „Blauschein" der Wehrmacht ausstattete. Dieser schützte sie auch ohne Schindlers Anwesenheit vor der Willkür der SS.[17]

---

[17] Vgl. Definition Blauschein, http://www.az-enzyklopadie.info/b/391400_Blauschein/

Zur zusätzlichen Sicherheit und um keine Fragen bei den zuständigen Offizieren aufkommen zu lassen, wurde kurzerhand der Großteil der erlernten Berufe sämtlicher Zwangsarbeiter der DEF in kriegsrelevante Berufe umgeändert, wie die eigentliche Schindler-Liste zeigt.

Oskar Schindler selbst stellt die zentralen Ereignisse, wie z.B. seine Auswanderung nach Krakau, unverkennbar anders dar, als sie heute von Historikern und Zeitzeugen betrachtet und empfunden werden. Schindlers Darstellung wird anhand eines Berichts deutlich, welchen er, vermutlich im Jahre 1945, für das *Joint Distribution Committee* verfasst hat.

Seine Mittel waren zumeist illegal und moralisch bedenklich und doch tat er schlussendlich alles aus Barmherzigkeit, auch wenn seine ursprünglichen Motive andere waren, nämlich schneller und einfacher Reichtum.

Anhang

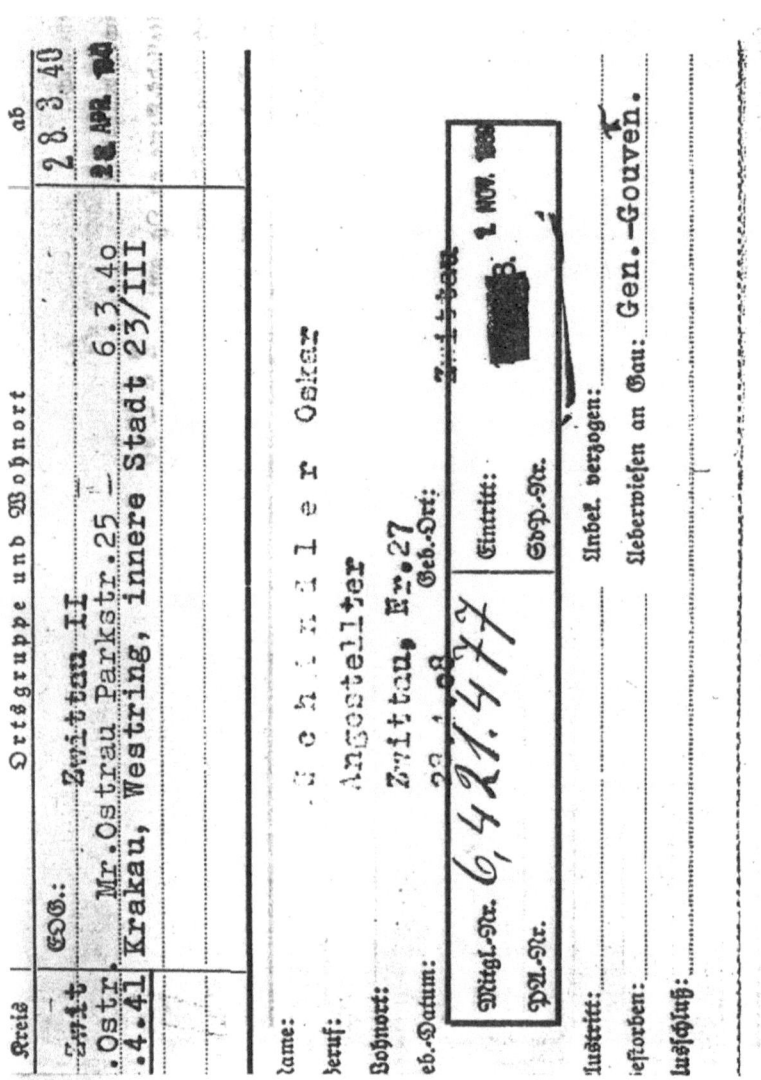

Schindlers Mitgliedskarte der NSDAP

B E R I C H T

über Leistungen und Aufwendungen zur Rettung von Juden in der
Zeit von 1939 bis 1945 durch Direktor Oskar Schindler, Besitzer
der Emailwarenfabrik in Krakau und Verlagerungswerk "Arbeitslager
Brünnlitz, ČSR.

Vor einigen Tagen wurde ich von offiziellen jüdischen Persönlich-
keiten, die mit mir über Einzelheiten der Rettung von annähernd
1.200 Juden meines Werklagers sprachen, angehalten, einen umfassen-
den Bericht über meine Handlungen in Wort und Zahl niederzuschrei-
ben, um Aussenstehenden ein globales Bild meiner Leistungen zu ver-
schaffen und eine Bagatellisierung der Tatsache von vornherein aus-
zuschalten.

Als ich 1939 nach Krakau kam, um mir in der Wirtschaft eine Existenz
aufzubauen, pachtete und erwarb ich später eine leerstehende Fa-
brikhalle durch das polnische Handelsgericht in Krakau (aus der
Konkursmasse Rekord). Dort begann ich mit der Erzeugung von Email-
legeschirr. Die Möglichkeit, als Treuhänder eine der zahlreichen
Fabriken und Geschäfte zu leiten, zog ich nicht Erwägung, da mir
die Treuhandstelle mit ihrer Autorisierung zum Raub jüdischen Vermögens sowie deren Geschäftsgebaren von vornherein verhasst war.
Als Pächter und später Inhaber der durch mich gegründeten Einzel-
firma war ich eigener Herr, unabhängig von den Dienststellen. Der
grosse Bedarf an Geschirr brachte meinem Betrieb eine Konjunktur,
die bei meinem Fleiss einen raschen Ausbau der Firma ermöglichte.
Nach 3 Monaten beschäftigte ich bereits 250 polnische Arbeiter und
Angestellte, darunter 7 Juden. (1940 waren es 150 Juden, 1941/190,
1942/550, 1943/900, 1944/1.000 und 1945 über 1.100 Juden). Mit der
1942 einsetzenden Judenverfolgung im ganzen polnischen Raum, Ausschaltung der Juden aus dem Erwerbsleben, Liquidierung der Ghettos,
und Eröffnung der Vernichtungslager trat an mich die Entscheidung
heran, entweder die Mitarbeit der Juden zu verzichten, diese
ihrem Schicksal zu überlassen, wie es 99% der Krakauer Firmen
gemacht haben, welche Juden beschäftigten, oder ein Privat - resp.
Firmenlager zu bauen und dortselbst die Juden zu kasernieren.
Meine Einstellung zu meinen jüdischen Arbeitern half mir über die
drohenden Schwierigkeiten siegen.

In wenigen Tagen war ein Firmenlager erbaut und hunderte Juden
vor der Aussiedlung gerettet. Ich habe auch von an mein Werklager
angrenzende Firmen Juden in meinem Lager untergebracht und zwar
von der Firma NKF, Neue Kühler-und Flugzeugteilefabrik Kurt Hoder-
mann in Krakau, Kistenfabrik Ernst Kühnpast in Krakau und Baracken-
werk der Heeresstandortverwaltung Ing.Schmilewski und so weitere
450 Juden vor der Aussiedlung bewahrt. Ich kann stolz behaupten,
dass es nur meiner Initiative zu verdanken war, dass diese Juden
in meinem Werklager verblieben, da alle Interventionen und Verhand-
lungen betreffs der Juden von mir allein in unerschrockener Weise
bei den SS-Behörden geführt wurden. Die Schaffung eines Werklagers
musste aus meinen privaten Mitteln gestellt werden ohne Unterstüt-
zung oder finanzielle Zuschüsse seitens der Behörden. Die Ausstat-
tung blieb ganz dem Unternehmer überlassen. An sich genügte es,

Ein Bericht Schindlers zur Judenrettung, 1. Seite

84

Bericht Schindlers an das *Joint Distribution Committee* (1. Seite)

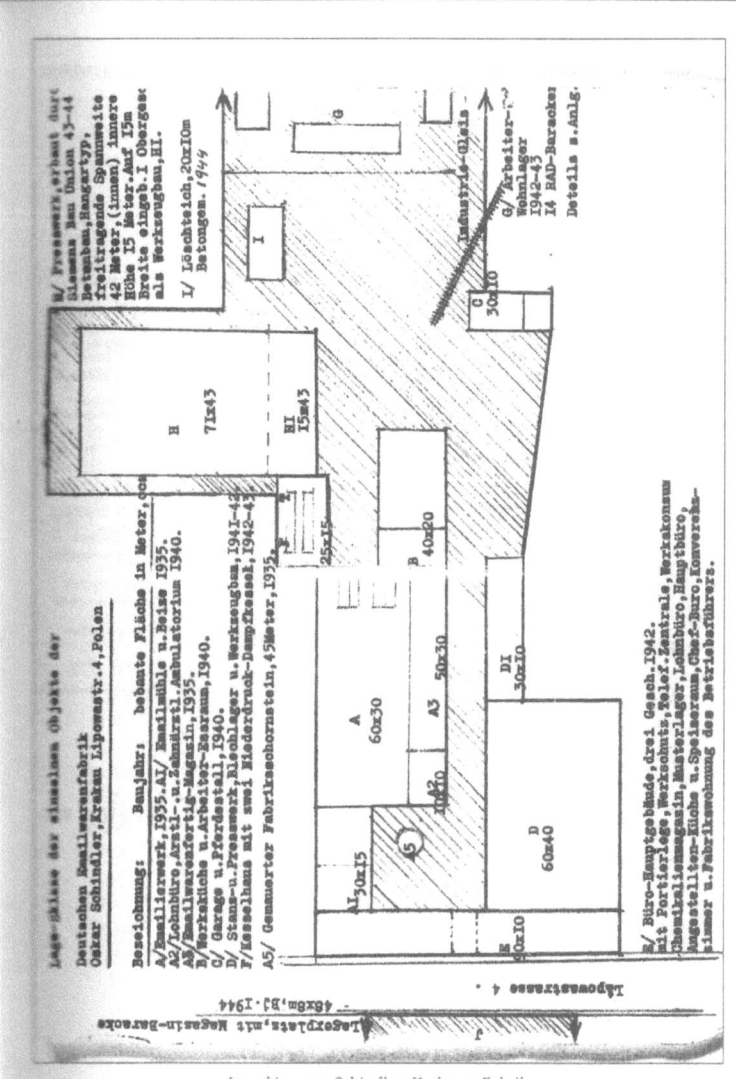

Lageskizze von Schindlers Krakauer Fabrik

101

Lagerskizze der Emalia

Literaturverzeichnis

1) Spiegel TV-Dokumentation, Schindlers Liste - Eine wahre Geschichte 2008

2) http://www.gruntova.cz/userFiles/oskar/Clenska-karta-nsdap.jpg, 22.12.2012

3) http://www.dhm.de/lemo/html/biografien/SchindlerOskar/index.html, 21.02.2012

4) http://www.mietek-pemper.de/wiki/Kapitel_13:_Schindlers_letzte_Jahre#Oskar_Schindlers_ Tod:_Trauer_und_Anerkennung, 21.02.2012

5) Crowe, David M., Oskar Schindler - Die Biographie, Eichborn-Verlag, Frankfurt am Main 2005

6) Rhode, Gotthold, Geschichte Polens - Ein Überblick, Wissenschaftliche Buchgesellschaft, Darmstadt 1980

7) Crowe, David M., Oskar Schindler - Die Biographie, Eichborn-Verlag, Frankfurt am Main 2005

8) Crowe, David M., Oskar Schindler - Die Biographie, Eichborn-Verlag, Frankfurt am Main 2005

9) http://icj.huji.ac.il/pdf/mendelsohn.pdf, 29.01.2012

10) Crowe, David M., Oskar Schindler - Die Biographie, Eichborn-Verlag, Frankfurt am Main 2005

11) Crowe, David M., Oskar Schindler - Die Biographie, Eichborn-Verlag, Frankfurt am Main 2005

12) Crowe, David M., Oskar Schindler - Die Biographie, Eichborn-Verlag, Frankfurt am Main 2005

13) http://www.tagesspiegel.de/kultur/oskar-schindler-der-listenreiche/1221836.html, 12.02.2012

14) http://www.tagesspiegel.de/kultur/oskar-schindler-der-listenreiche/1221836.html, 12.02.2012

15) Rosenberg, Erika, Ich, Oskar Schindler - Die persönlichen Briefe, Aufzeichnungen und Dokumente, Herbig Verlag, München 2000

16) http://www.judentum-projekt.de/geschichte/nsverfolgung/rettung/schindler.html, 21.02.2012

17) http://www.az-enzyklopadie.info/b/391400_Blauschein/, 21.02.2012

Bildnachweis

Deckblatt: http://www.deathcamps.org/occupation/pic/bigschindler6.jpg

Anhang

Seite 15   http://www.gruntova.cz/userFiles/oskar/Clenska-karta-nsdap.jpg

Seite 16   Rosenberg, Erika, Ich, Oskar Schindler - Die persönlichen Briefe, Aufzeichnungen und Dokumente 2000, S. 84

Seite 17   Rosenberg, Erika, Ich, Oskar Schindler - Die persönlichen Briefe, Aufzeichnungen und Dokumente 2000, S. 101